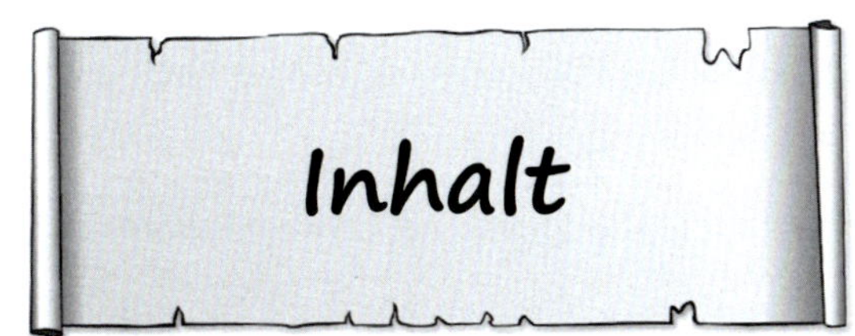

KOHL VERLAG Weltreligionen entdecken & begreifen
Legekreis zu den Weltreligionen – Bestell-Nr. 15 014

Anleitung

Religion

Gary M. Forester

Weltreligionen entdecken & begreifen

Legekreis zu den Weltreligionen

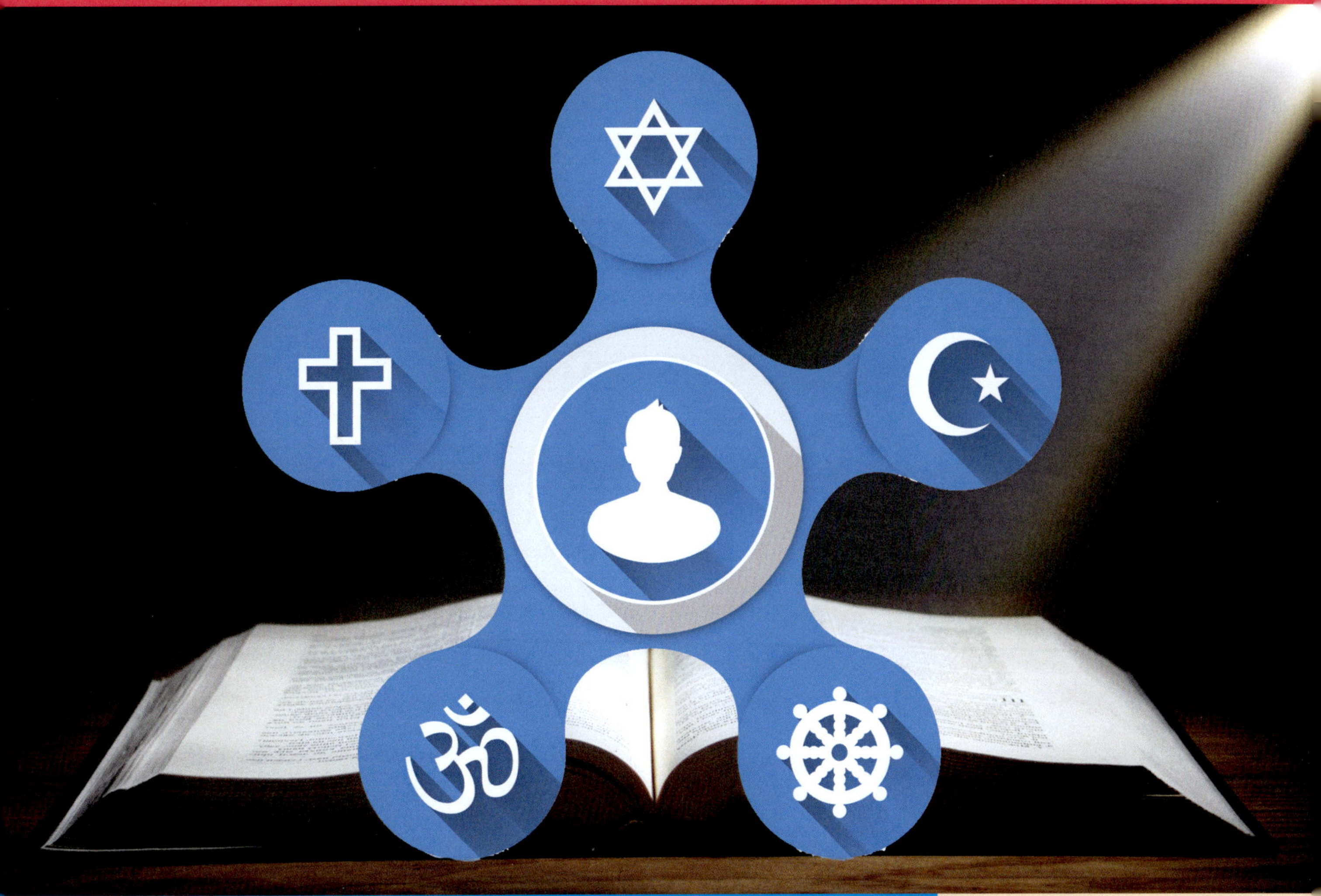

Spielerisch lernen

Farbiges Legematerial

www.kohlverlag.de

Weltreligionen entdecken & begreifen

5. Auflage 2024

Inhalt: Kohl-Verlag
Coverbild: SkyLine & reeel - fotolia.com
Redaktion: Kohl-Verlag
Grafik & Satz: Kohl-Verlag
Druck: Druckerei Flock, Köln

Bildquellennachweis:

Seite 3 © reeel - Fotolia.com - **Seite 5** © skarin - Fotolia.com
Seite 7 © juliars - Fotolia.com, © till beck - Fotolia.com, © supercat67 - Fotolia.com
Seite 8 © voddol - Fotolia.com, © wikimedia.org
Seite 9 © wikimedia.org
Seite 10 © Merlin - wikimedia.org
Seite 11 © Mikhail Markovskiy - Fotolia.com, © bitontawan02 - Fotolia.com, © wikipedia.de, © JiSign - Fotolia.com
Seite 12 © Christos Georghiou - Fotolia.com, © Garbiele Maltinti - Fotolia.com, © wikipedia.de
Seite 13 © Smileus - Fotolia.com, © Antonia Gravante - Fotolia.com, © 719production - Fotolia.com, © advisionIt - Fotolia.com
Seite 14 © nothingbutpixel - Fotolia.com, © Christos Georghiou - Fotolia.com
Seite 15 © swisshippo - Fotolia.com, © jihane37 - Fotolia.com
Seite 16 © wikimedia.org, © Aviator70 - Fotolia.com
Seite 17 © Jale Ibrak - Fotolia.com, © Neyro - Fotolia.com
Seite 18 © MichelaD. - Fotolia.com, © FT Game - Fotolia.com
Seite 19 © Georg SV - Fotolia.com, © Konstantin Kulikov - Fotolia.com, © nickolya - Fotolia.com
Seite 20 © jura_taranik - Fotolia.com, © byheaven - Fotolia.com, © macrovector - Fotolia.com
Seite 21 © Lava Lova - Fotolia.com, © katoosha - Fotolia.com, © macrovector - Fotolia.com
Seite 22 © vbel71 - Fotolia.com, © khwaneigq - Fotolia.com
Seite 23 © southtownboy - Fotolia.com, © surangaw - Fotolia.com, © ekawatchaow - Fotolia.com, © Svetlana Nikolaeva - Fotolia.com
Seite 24 © skaman 306 - Fotolia.com, © Oleksandr Dibrova - Fotolia.com
Seite 25 © WONG SZE FEI - Fotolia.com, © ake1150 - Fotolia.com
Seite 26 © PhotographyByMK - Fotolia.com, © Lucky Dragon - Fotolia.com, © savvapanf Photo - Fotolia.com
Seite 27-32 © casejustin - Fotolia.com

Bestell-Nr. 15 014

ISBN: 978-3-95686-791-0

KOHL VERLAG
Weltreligionen entdecken & begreifen
Legekreis zu den Weltreligionen – Bestell-Nr. 15 014

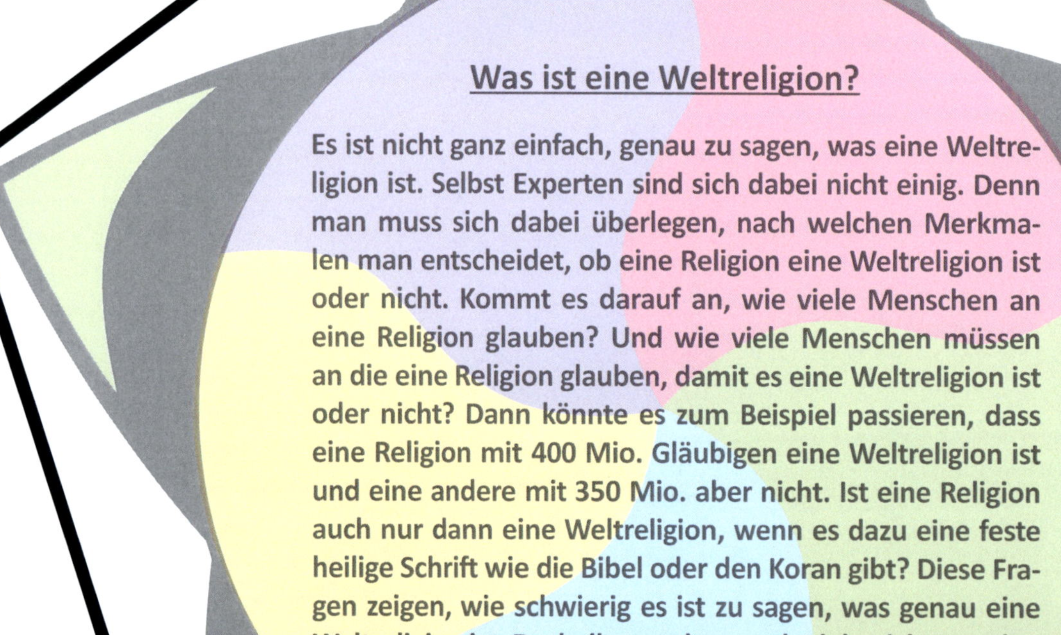

Was ist eine Weltreligion?

Es ist nicht ganz einfach, genau zu sagen, was eine Weltreligion ist. Selbst Experten sind sich dabei nicht einig. Denn man muss sich dabei überlegen, nach welchen Merkmalen man entscheidet, ob eine Religion eine Weltreligion ist oder nicht. Kommt es darauf an, wie viele Menschen an eine Religion glauben? Und wie viele Menschen müssen an die eine Religion glauben, damit es eine Weltreligion ist oder nicht? Dann könnte es zum Beispiel passieren, dass eine Religion mit 400 Mio. Gläubigen eine Weltreligion ist und eine andere mit 350 Mio. aber nicht. Ist eine Religion auch nur dann eine Weltreligion, wenn es dazu eine feste heilige Schrift wie die Bibel oder den Koran gibt? Diese Fragen zeigen, wie schwierig es ist zu sagen, was genau eine Weltreligion ist. Deshalb sprechen auch viele nicht von den „Weltreligionen“, sondern von den „Religionen der Welt“.

KOHL VERLAG Lernen mit Erfolg
Weltreligionen entdecken & begreifen
Legekreis zu den Weltreligionen – Bestell-Nr. 15 014

Geschichte und Ursprung

Das Judentum entstand vor über 3000 Jahren. Menschen, die dem Judentum angehören, werden Juden genannt. Das jüdische Volk entspringt aus dem Bund zwischen Abraham und Gott. Abraham meinte, dass es nur einen einzigen unsichtbaren Gott gibt. Abraham zog dann in Richtung Jerusalem. Isaak und sein Sohn Jakob führten danach den Bund mit Gott weiter. Doch es drohte eine Hungersnot und Jakobs Nachfahren flohen aus Kanaan (heutiges Palästina/Israel) nach Ägypten. Dort wurden sie zu Sklaven. Mose führte sie als das auserwählte Volk Gottes aus der Sklaverei und erhielt am Berg Sinai die Zehn Gebote. Nun kehrte das Volk Israel zurück in das Gebiet des heutigen Staates Israel. In Jerusalem entstand der erste Tempel, der für die Juden eine große religiöse Bedeutung hat.

Eine Religion - unterschiedliche Glaubensrichtungen

Auch beim Judentum gibt es verschiedene Glaubensrichtungen. Sie unterscheiden sich darin, wie stark man sich an die jüdischen Gesetze und Regeln hält. So gibt es zum Beispiel die orthodoxen Juden. Sie befolgen sehr streng die Thora und die Zehn Gebote. Sie denken, dass Frauen und Männer in der Synagoge getrennt beten sollen. Konservative Juden befinden sich sozusagen in der Mitte. Ihnen ist es wichtig, jüdische Bräuche und Regeln einzuhalten. Trotzdem sind sie offen für unsere moderne Welt. Dann gibt es noch die Reformjuden. Sie sehen die jüdischen Gesetze nicht als verpflichtend an. Auch haben bei ihnen die Frauen die gleichen Rechte wie die Männer.

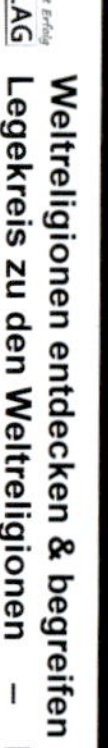

Gotteshaus

Im Judentum nennt man das Gotteshaus Synagoge. Man kann sie mit der Kirche im Christentum vergleichen. In der Synagoge versammeln sich die Gläubigen, um gemeinsam zu beten. Sie besteht aus einem Gebetsraum und kleineren Räumen zum Studium, also zum Lernen. Die östliche Wand ist in Richtung Jerusalem gerichtet. Dort werden in einem Schrein (Aron ha-Qodesch) die Thorarollen aufbewahrt. Über dem Thoraschrein hängt eine Gebotstafel. Und vor dem Schrein gibt es ein Licht. Dieses Licht wird als „Ner Tamid“, als „Ewiges Licht“, bezeichnet. Es erinnert an die Feuersäule, die die Israeliten auf ihrem Weg durch die Wüste Sinai begleitet hat. Ein siebenarmiger Leuchter (Menora) schmückt den Raum. Man nutzt Synagogen nicht nur für den Gottesdienst, sondern auch für Gemeindeveranstaltungen, Erwachsenenbildung und als Hebräisch- Schulen für Kinder.

Feste

Pessachfest

Am Pessachfest feiern die Juden den Auszug des israelischen Volkes aus Ägypten und die Flucht vor der Versklavung. Es findet im jüdischen Frühlingsmonat Nisan (März/ April) statt. Der Sederabend ist der erste Abend des jüdischen-Pessachfestes. Insgesamt dauert es eine Woche. In dieser Zeit dürfen keine gesäuerten Speisen gegessen werden.

Chanukka-Fest

Das Chanukka-Fest beginnt am 25. Tag des Monats Kislew (November/ Dezember) und dauert acht Tage. Es wird auch Lichterfest genannt. Chanukka bedeutet übersetzt „Neueinweihung“. Damit gemeint ist die Neueinweihung des jüdischen Tempels. Damals zündete man den Leuchter an. Doch das geweihte Öl reichte nur noch für einen Tag. Wie durch ein Wunder brannte das Licht acht Tage lang.

Jom Kippur

Jom Kippur ist der höchste jüdische Feiertag. Er findet im September oder Oktober statt. Man spricht auch vom Versöhnungstag. Alle Juden fasten und beten an diesem Tag. Indem man seine Sünden bereut, findet eine Versöhnung mit Gott statt.

Gottheit

Das Judentum ist eine monotheistische Religion. Das bedeutet, dass Juden nur an einen einzigen Gott glauben. Das Judentum ist sogar die älteste monotheistische Weltreligion. Die jüdischen Gläubigen nennen ihren Gott Jahwe. Er gilt nicht nur als gnädiger Befreier und gerechter Bundespartner des erwählten Volkes Israel. Sondern er gilt auch als Schöpfer, Bewahrer, Richter und Erlöser der ganzen Welt.

Die heilige Schrift

Die Thora ist eine von drei Teilen der hebräischen Bibel. Sie besteht aus einer handgeschriebenen Rolle. Die ältesten Teile der Thora sind ungefähr 3000 Jahre alt. Das hebräische Wort „Thora" bedeutet „Wegweisung". In ihr sind die jüdischen Gesetze und die jüdische Geschichte niedergeschrieben. Für das jüdische Volk ist die Thora wichtig, um die eigene Vergangenheit zu verstehen. Die Thora besteht aus den fünf Büchern Moses. Die Christen nennen sie Altes Testament. Im Gottesdienst wird aus dieser Thorarolle „gelesen". Der Text wird dabei meistens nicht gesprochen, sondern gesungen. Thorarollen werden normalerweise in der Synagoge aufbewahrt. Meist befinden sie sich in einem speziellen Schrein, dem Aron ha-Qodesch. Für die Juden ist die Thora so wertvoll, dass sie nie mit bloßer Hand berührt wird. Außerdem wird sie mit einem speziellen Thoramantel dekoriert.

Gebote & Verbote - Lehre & Glaube

Der Talmud ist ein wichtiges Schriftstück des Judentums. Der Talmud enthält keine Gesetze, sondern zeigt, wie die Gebote der Thora im Alltag umgesetzt werden sollen. Insgesamt sechs Ordnungen geben Regeln vor, nach denen sich die Juden verhalten sollen. So sind dort beispielsweise die Fest- und Fastzeiten festgelegt. Auch die Reinheitsgebote sind ein Teil davon: In der Küche gelten ganz bestimmte Regeln. Im Kühlschrank und auf den Arbeitsflächen werden Milch und Fleisch streng getrennt. Sogar unterschiedliche Teller gibt es für die verschiedenen Speisen. Nur koschere Speisen werden gegessen. Deshalb ist Schweinefleisch nicht erlaubt. Es wird auch nur nach besonderen Reinheitsvorschriften (koscher) geschlachtet.

Bräuche und Riten

Der Sabbat, auch Schabbat genannt, ist der Ruhetag für alle Juden. Sabbat ist von Freitagabend seit Sonnenuntergang bis zum Samstagabend. An diesem Tag müssen alle Juden ruhen. Deshalb soll man an diesem Tag auch nicht arbeiten. An diesem Tag ziehen sich die Juden besonders schön an. Es wird gemeinsam gegessen und die Synagoge besucht. Ein anderer Brauch im Judentum ist die Feier der Bar Mizwa. Ein jüdischer Junge ist im Alter von 13 Jahren erwachsen und darf zum ersten Mal in der Synagoge aus der Thora lesen. Er ist nun ein Sohn des Gesetzes. Er hat damit alle Rechte und Aufgaben eines jüdischen Mannes. Von jetzt an darf er den Gebetsmantel (Tallid), die runde Kopfbedeckung (Kippa) und den Gebetsriemen (Tefillin) tragen. Die Mädchen feiern an ihrem 12. Geburtstag Bat Mizwa. Ab jetzt ist das Mädchen Tochter der Pflicht. Das heißt, dass sie sich an alle jüdischen Regeln und Gesetze halten muss.

JAHWE

Geschichte und Ursprung

Die Anhänger des Christentums nennen sich selbst Christen, nach Jesus Christus. Er wurde von Maria in der Stadt Bethlehem geboren. Maria war die Frau von Josef, der Jesus wie einen Sohn aufzog. Die Christen verehren Jesus als Christus (= der Gesalbte) und auch als den Sohn Gottes, der zum Mensch wurde. Jesus war ein jüdischer Wanderprediger. Er erzählte den Menschen von Gottes Himmelreich. Gott schickte ihn auf die Erde, um die Menschen von der Auferstehung nach dem Tod zu überzeugen und wieder zum Glauben zurückzuführen. Er wollte, dass sich alle Menschen bessern und zum Guten umkehren. Jesus sammelte viele Anhänger. Zwölf von ihnen wurden seine Jünger. Sie folgten ihm überall hin. Im Alter von 30-32 Jahren wurde Jesus in Jerusalem zum Tode am Kreuz verurteilt. Drei Tage nach seinem Tod zeigte er sich seinen Jüngern, um sie von der Auferstehung zu überzeugen. Die Jünger zogen in die Welt und verkündeten die Lehre des Christentums.

Eine Religion - unterschiedliche Glaubensrichtungen

Die Christen sind in viele verschiedene Richtungen aufgeteilt. Man nennt dies dann Konfessionen. Die drei größten Konfessionen sind die katholischen, evangelischen und orthodoxen Christen. Die einzelnen Richtungen entstanden, weil die christlichen Gläubigen im Laufe der Zeit unterschiedliche religiöse Meinungen entwickelten.

Die katholische Kirche

Sie ist die älteste und größte christliche Kirche.
Das Oberhaupt ist der Papst, der für die Katholiken der Stellvertreter Jesu auf Erden ist. Die Priester kümmern sich um die Gläubigen in den Gemeinden.

Die orthodoxe Kirche

1054 nach Christus entstand neben der katholischen Kirche eine neue „Ostkirche“. Sie hatte andere religiöse Ansichten. Später entstanden aus der Ostkirche zum Beispiel die russisch-orthodoxe und die griechisch-orthodoxe Kirche.

Die evangelische Kirche

In Deutschland entstand sie in den Jahren nach 1517 nach Christus. Man nennt sie auch die protestantische Kirche. Eine wichtige Rolle spielte dabei der Mönch Martin Luther. Mit dem Verhalten der katholischen Kirche gegenüber den Gläubigen war er nicht einverstanden. Deshalb verfasste er seine berühmten 95 Thesen. Martin Luther wurde damit sehr bekannt. Eine neue Kirche entstand.

Gotteshaus

Die Kirche ist das Gebetshaus der Christen. Am Sonntag und an Feiertagen läuten die Glocken und die Gläubigen gehen zum Gottesdienst in die Kirche. Dabei sehen die Kirchen von katholischen und evangelischen Christen oft sehr unterschiedlich aus. Die katholischen Kirchen sind meistens prunkvoller geschmückt. Nur männliche Priester halten die Messe. In der evangelischen Kirche können auch Frauen Pastor werden. Zuerst begrüßt der Pastor oder der Priester die Gemeinde. Dann werden Gebete gesprochen und Lieder gesungen. Als nächstes werden Geschichten aus der Bibel (= Lesungen) vorgetragen. Dann liest der Priester oder Pastor eine Stelle aus den vier Evangelien vor, die von Jesu Leben, Tod und Auferstehung erzählen. Anschließend hält der Priester eine Predigt. Dann kommt der Höhepunkt: Wein und Brot werden gewandelt. Das soll an das letzte Abendmahl erinnern, das Jesus mit seinen Jüngern gefeiert hat. Die Gläubigen erhalten nun die Hostien (das gewandelte Brot) und Wein oder Traubensaft (das gewandelte Blut). Dazu kommen sie nach vorne an den Altar. Das nennt man Abendmahl.

Feste

Das christliche Kirchenjahr enthält zwei große Festkreise: Der Weihnachtskreis und der Osterkreis. Sie sind in der katholischen und evangelischen Kirche fast gleich. Die evangelischen Christen feiern noch einige Feste in der Trinitatiszeit.

Weihnachtskreis:

Der Weihnachtskreis beginnt am 1. Advent. In der Adventszeit bereiten sich die Christen auf die Ankunft Jesu Christi vor. An Weihnachten erinnern sich die Christen dann an die Geburt von Jesus Christus. Zum Weihnachtskreis gehört auch das Fest der „Heiligen Drei Könige". Die Heiligen Drei Könige waren Sterndeuter aus dem Morgenland, denen ein leuchtender Stern den Weg zum Jesuskind in der Krippe zeigte.

Osterkreis:

In den Osterkreis fällt zum Beispiel der Gründonnerstag. Man erinnert sich an das letzte Abendmahl, das Jesus mit seinen Jüngern nahm. Zum Osterkreis gehört auch der Karfreitag und Ostern. Man denkt an die Kreuzigung Jesu und seine Auferstehung. Auch Christi Himmelfahrt und Pfingsten fallen in den Osterkreis.

Trinitatiszeit:

Zur Trinitatiszeit gehören zum Beispiel der Dreifaltigkeitssonntag, Erntedank, der Buß- und Bettag und der Reformationstag. Am Reformationstag feiern die evangelischen Christen die Entstehung der evangelischen Kirche.

Gottheit

Das Christentum ist eine monotheistische Religion. Das heißt, dass die Christen nur an einen einzigen Gott glauben. Sie sehen Gott dabei als einen dreifaltigen Gott an: als Vater, als Sohn (Christus) und als Heiligen Geist, der als Geist Gottes in allen Lebewesen und Dingen ist. Die Christen glauben, dass Gott durch seinen Sohn Jesus Mensch geworden ist und sich so den Menschen zugewandt hat. Der Tod von Jesus wird als Erlösung durch Gott angesehen, da Jesus die Schuld und Sünde der ganzen Menschheit auf sich genommen hat. Jesus hat den Menschen von Gott erzählt und versprochen, dass nach dem Tod ein ewiges Leben im Reich Gottes auf sie wartet.

Die heilige Schrift

Das Wort „Bibel“ bedeutet „Buch der Bücher“, denn in der Bibel sind verschiedene Bücher und religiöse Schriften gesammelt. Sie ist aufgeteilt in das „Alte“ und „Neue“ Testament. Die Bibel enthält das Wort Gottes. Der wichtigste Teil der christlichen Bibel ist das Neue Testament. Es enthält die vier Evangelien (Evangelium = Gute Nachricht). Sie beschreiben das Leben Jesu, seinen Tod und seine Auferstehung. Matthäus, Markus, Lukas und Johannes haben die Evangelien geschrieben. Auch das Heilige Buch des Judentums gehört zu den heiligen Schriften des Chris-tentums. In der Bibel der Christen heißt es „Altes Testament“. Man bezeichnet es auch als die fünf Bücher Mose. Dort werden Geschichten des Bundes Abrahams mit Gott und die Schöpfungsgeschichte erzählt. Das Alte Testament ist in den Rollen der jüdischen Thora gleich. Die Bibel besteht insgesamt aus 66 Schriften. Davon gehören 39 Schriften zum Alten Testament und 27 Schriften zum Neuen Testament.

Gebote & Verbote - Lehre & Glaube

Wie für die Juden gelten auch für Christen die Zehn Gebote. Man findet sie im Alten Testament. Moses erhielt sie von Gott auf dem Berg Sinai. Die Christen sehen die Zehn Gebote als die wichtigsten Regeln im Christentum:

- Du sollst keinen anderen Gott neben mir haben.
- Du sollst den Namen deines Herrn in Ehre halten.
- Am siebten Tage sollst du ruhen und des Herrn gedenken.
- Du sollst deinen Vater und deine Mutter ehren.
- Du sollst nicht töten.
- Du sollst nicht begehren deines Nächsten Hab und Gut.
- Du sollst nicht Ehe brechen.
- Du sollst nicht stehlen.
- Du sollst nicht falsches Zeugnis gegen deinen Nächsten ablegen.
- Du sollst nicht begehren deines Nächsten Frau.

Bräuche und Riten

Im Christentum gibt es schon seit langer Zeit Bräuche und Riten. Zum Beispiel fasten alle Christen sieben Wochen vor Ostern. Es gibt auch den Brauch, ein paar Tage vor Weihnachten einen Tannenbaum in die Wohnung zu stellen und ihn zu schmücken. Darunter liegen die Krippe Christi und auch Geschenke. Viele Katholiken stellen am Palmsonntag einen Palmbesen auf. Damit erinnern sie sich an den Einzug Jesu in Jerusalem. Außerdem gibt es auch Bräuche und Riten, die von jedem Gläubigen einzeln gefeiert werden: die Sakramente. Die Sakramente sind in der evangelischen und katholischen Kirche nicht ganz gleich. Evangelische Christen haben nur zwei Sakramente, die Taufe und das Abendmahl. Katholische Christen dagegen haben sieben Sakramente: die Taufe, die Firmung, die Eucharistie (Abendmahl), die Beichte, die Ehe, die Priesterweihe und die Krankensalbung.

KOHL VERLAG Weltreligionen entdecken & begreifen
Legekreis zu den Weltreligionen – Bestell-Nr. 15 014

Geschichte und Ursprung

Mohammed ist der Gründer des Islams. Er wurde 570 n. Chr. in Mekka geboren und wuchs bei seinem Onkel auf. Er half ihm beim Schafe hüten. Auf einer Reise traf Mohammed eine reiche Frau. Sie bildete ihn aus und nahm ihn in ferne Länder mit. Dort lernte Mohammed das Christentum und das Judentum kennen. Mohammed war ein gläubiger Mensch und er betete oft. Dazu ging er jedes Jahr für einen Monat in die Berge. Dort fastete er und kam zur Ruhe. In einer Nacht erschien ihm ein Engel. Es war der Engel Gabriel. Er sagte zu ihm: „Geh zu den Menschen und erzähle ihnen von Allah, dem einzigen Gott. Ermahne sie, nicht mehr zu betrügen. Die Armen dürfen nicht vergessen werden, um sie sollen sich die Menschen kümmern." Von nun an zog der Prophet Mohammed los und verbreitete die Botschaft. Heute ist der Islam vor allem im Vorderen Orient, in Nordafrika, in Südostasien und in den Ländern Iran, Irak, und Pakistan verbreitet.

Gebote & Verbote - Lehre & Glaube

Die wichtigsten religiösen Regeln im Islam sind die „Fünf Säulen des Islam":

Shahada

Das ist das Glaubensbekenntnis der Muslime. Man bekennt sich, dass es keinen anderen Gott außer Allah gibt.

Salat

Jeder Muslim soll fünf Mal am Tag beten. Des-halb haben Muslime oft ihren Gebets-teppich dabei.

Zakat

Das bedeutet Almosen. Jeder Muslim soll einen kleinen Teil seines Einkommens an die Familie oder Arme abgeben.

Saum

Zu den Pflichten gehört auch das Fasten. Im Fastenmonat Ramadan wird von Sonnenaufgang bis Sonnenuntergang nichts gegessen und getrunken.

Hadsch

Jeder Muslim soll ein Mal in seinem Leben nach Mekka reisen. Dort umrundet er sieben Mal die Kaaba.

Gotteshaus

Das Gebetshaus der Muslime ist die Moschee. Das Wort „Moschee“ bedeutet „Der Ort, wo man sich niederwirft“. Hier beten die Muslime gemeinsam. Auch der Koranunterricht findet dort statt. Freitags sprechen die Muslime in der Moschee das Freitagsgebet. Zu einer Moschee gehört ein Turm, das Minarett. Von dort aus ruft der Muezzin (Gebetsrufer) die Muslime zum Gebet auf. Im Inneren der Moschee ist der wichtigste Raum der Gebetsraum. Dort ist der Boden mit Gebetsteppichen ausgelegt. Der Imam leitet das Gebet. Die Muslime beten immer in Richtung der heiligen Stadt Mekka. Männer und Frauen beten getrennt voneinander. Außerdem ist die Kanzel, die Minbar, wichtig. Von hier spricht der Imam die Freitagspredigt. Das Podium, auch Dikka genannt, steht oft in der Mitte des Gebetsraumes. Dadurch sollen die Gläubigen alles gut hören. Die Wände einer Moschee sind oft mit arabischen Schriftzeichen und Mustern verziert. Die Kleidervorschriften in der Moschee sind strenger als im Christentum. Die Muslime müssen die Schuhe ausziehen und mit dem rechten Fuß den Gebetsraum betreten. Mit dem linken Fuß müssen sie ihn wieder verlassen. Die Frauen müssen ihr Haar bedecken. Vor dem Gebet reinigen sich die Muslime. Dazu waschen sie sich das Gesicht, die Hände, die Unterarme und die Füße.

Feste

Ramadan-Fest

Dieses Fest ist ein Fastenfest und findet im Monat Ramadan statt. Muslime essen und trinken in dieser Zeit nichts von Sonnenaufgang bis Sonnenuntergang. Kranke und Alte fasten nicht. Nach Sonnenuntergang treffen sich Verwandte und Freunde, um miteinander zu essen.

Zuckerfest

Am Ende des Monats Ramadan feiern die Muslime das Zuckerfest. Es dauert drei Tage. Am ersten Morgen besuchen die Muslime die Moschee. Dann gibt es ein großes Frühstück. Danach besuchen sie Verwandte und Freunde und essen süße Speisen. Deshalb heißt es „Zuckerfest“.

Opferfest

Dieses Fest dauert vier Tage. Muslime erinnern sich an das große Opfer, das Abraham bringen wollte. Denn er wollte für Allah seinen Sohn Ismael opfern. Streng gläubige Muslime opfern heute noch ein Tier. Ein Teil wird an die Armen ausgeteilt. Viele Muslime gehen auf den Friedhof, um Verstorbene zu besuchen.

KOHL VERLAG Weltreligionen entdecken & begreifen Legekreis zu den Weltreligionen – Bestell-Nr. 15 014

Gottheit

„Allah“ ist arabisch und bedeutet „Gott“. Die Muslime glauben, dass er der einzige Gott ist, der die Welt erschaffen hat. Der Islam ist also eine monotheistische Religion. Die Gebete beginnen meist mit den Worten „Allahu akbar“. Das bedeutet „Gott ist größer“. Im Koran, dem heiligen Buch der Muslime, stehen die 99 schönsten Namen Allahs. Jeder Name steht für eine andere Eigenschaft Gottes. So wird Allah zum Beispiel „Barmherziger“, „Gnädiger“ oder „Allmächtiger“ genannt. Den hundertsten Namen kennen die Muslime nicht. Außerdem glauben sie, dass man ihn nicht aussprechen kann. Viele Muslime verwenden eine Gebetskette, um die 99 Namen Allahs beim Gebet zu sprechen.

Die heilige Schrift

Der Koran ist das heilige Buch der Muslime. Sie glauben, dass er die Worte Allahs enthält. Im islamischen Glauben überbrachte der Engel Gabriel Mohammed die Worte Gottes. Mohammed verbreitete sie dann. Aufgeschrieben wurden sie aber erst nach seinem Tod. So entstand der Koran. Er besteht aus 114 Kapiteln. Diese Kapitel nennt man auch „Suren“. Im Koran werden Geschichten von der Entstehung der Welt und Geschichten von den Propheten erzählt. Er enthält aber auch die religiösen Regeln. Der Koran wurde auf arabisch aufgeschrieben. Heute gibt es ihn zwar in allen Sprachen. Doch muslimische Kinder lernen, den Koran auf arabisch zu lesen. Dazu gehen sie auf eine Koranschule.

Eine Religion - unterschiedliche Glaubensrichtungen

Alle Angehörigen des Islam nennen sich Muslime. Aber auch im Islam gibt es verschiedene Glaubensrichtungen. Die größte Gruppe sind die Sunniten. Dann gibt es noch die Schiiten. Diese Trennung entstand direkt nach dem Tod des Propheten Mohammed. Denn die Menschen konnten sich nicht einigen, wer der Nachfolger sein wird. Die Sunniten meinten, dass die Kalifen die wahren Nachfolger sind. Die Schiiten glaubten, dass das die Imame sind. Bis heute sind diese beiden Gruppen voneinander getrennt.

Bräuche und Riten

Der Freitag ist für die Muslime ein Feiertag. An diesem Tag gehen sie in die Moschee und sprechen das Freitagsgebet. Es ist für muslimische Männer und Jungen ab der Pubertät verpflichtend. Frauen können an diesem Gebet teilnehmen, es ist für sie aber keine Pflicht. Muslime essen auch kein Schweinefleisch. Sie glauben, dass das Schwein ein unreines Tier ist. Außerdem werden Tiere auf eine besondere Art geschlachtet. Das nennt man „schächten". Im Islam sollte auch jeder Muslim ein Mal in seinem Leben nach Mekka reisen. Dort besuchen sie die Kaaba. Sie ist das größte Heiligtum im Islam. Das ist ein schwarzer großer Stein, der mit einem schwarzen Tuch bedeckt ist. Darauf stehen Verse aus dem Koran. Muslimische Jungen werden beschnitten. Das bedeutet, dass die Vorhaut des Gliedes abgeschnitten wird. Die Beschneidung wird wie ein Fest gefeiert.

بسم الله الرحمن الرحيم

KOHL VERLAG Lernen mit Erfolg
Weltreligionen entdecken & begreifen
Legekreis zu den Weltreligionen – Bestell-Nr. 15 014

Geschichte und Ursprung

Der Hinduismus ist die drittgrößte Religion der Welt. Es gibt ungefähr 900 Millionen Hindus. So heißen die Angehörigen dieser Religion. Der Hinduismus kommt aus Indien. Die meisten Hindus leben in Indien, aber auch in Nepal, Bangladesch, Sri Lanka und auf Bali. Der Hinduismus entstand ca. 1500 v. Chr.. Damit ist er älter als die anderen Weltreligionen.

Eine Religion - unterschiedliche Glaubensrichtungen

Der Hinduismus hat viele verschiedene Richtungen und Ansichten. So glauben einige Hindus, es wäre verboten, Bilder anzubeten. Andere dagegen beten nur vor Bildern. Viele Hindus sind Vishnuiten. Das heißt, sie glauben an den Gott Vishnu. Aber auch sie sind sich nicht immer einig. Dann gibt es noch die Shivaiten. Sie beten den Gott Shiva an. Sie glauben, dass er das höchste Wesen ist und alle anderen Götter erschaffen hat. Shiva zerstört immer wieder die Welt, um sie wieder neu zu erschaffen. Für manche Shivaiten ist Yoga sehr wichtig. Die vielen Richtungen sind in manchen Dingen zwar sehr unterschiedlich, doch an den Kreislauf von Leben und Tod (Samsara) glauben die meisten Hindus. Auch können die Hindus der verschiedenen Glaubensrichtungen gemeinsam feiern und beten.

Gotteshaus

Der Tempel ist für die Hindus ein besonders wichtiges Bauwerk. Dort finden aber keine gemeinsamen Gottesdienste wie in einer Kirche oder Moschee statt. Hindus kommen nicht zu festen Zeiten in den Tempel. Sondern sie besuchen den Tempel, wenn sie die Hilfe und den Segen eines Gottes brauchen. Dazu opfern sie ihrer Gottheit Blumen oder Reis und zünden Räucherstäbchen an. Jeder Tempel hat dafür eine besondere Stelle. In der Mitte des Tempels steht die Figur des Gottes, der verehrt wird. Es gibt auch ein Wasserbecken, an dem sich die Hindus vor dem Gebet reinigen können. Schon vor dem Besuch des Tempels ziehen die Hindus ihre Schuhe aus. Dadurch soll der Tempel rein bleiben. Die Priester im hinduistischen Tempel heißen „Brahmanen“. Sie halten jeden Tag die Gebete (Pujas) und bereiten Opfergaben vor. Sie schmücken auch die Schreine der Götter und lesen aus den heiligen Schriften vor. Ein Brahmane tupft jedem Gläubigen einen roten Punkt auf die Stirn.

Feste

Wie im Christentum oder im Islam gibt es auch im Hinduismus viele Feste. Manche feiern die Hindus für sich allein und zu Hause. Dazu gehört zum Beispiel das Fest, wenn ein Kind neu geboren wird. Es gibt aber auch Feste, die von allen Hindus gemeinsam gefeiert werden:

Navarartri

Das ist das Fest der Neun Nächte. Wie der Name schon sagt, dauert es neun Nächte und zehn Tage. Gefeiert werden die Göttinnen Durga, Lakshmi und Sarasvati. Es wird im Frühling und im Herbst gefeiert.

Holi

Das ist das hinduistische Frühlingsfest. Die Menschen haben gute Laune. Sie singen und tanzen. Man bewirft sich gegenseitig mit Farben. Holi wird zu Ehren des Gottes Krishna gefeiert.

Divali

Damit bezeichnen Hindus das hinduistische Lichterfest. Es wird im Oktober/November nach der Regenzeit gefeiert. Divali ist ein Fest zu Ehren von Lakshmi, der Göttin des Reichtums. Überall werden Lichter angezündet.

KOHL VERLAG
Weltreligionen entdecken & begreifen – Bestell-Nr. 15 014
Legekreis zu den Weltreligionen

Gottheit

Der Hinduismus ist eine polytheistische Religion. Das bedeutet, dass Hindus nicht nur an einen einzigen Gott, sondern an mehrere Götter glauben. Der wichtigste Gott ist Brahma. Er ist das erste Lebewesen auf der Erde und hat die Welt erschaffen. Er wird mit vier Köpfen dargestellt. Sie blicken in alle vier Himmelsrichtungen. Brahma ist jedoch kein wirklicher Gott. Er ist eine „göttliche Kraft", die alles lebendig macht. Drei andere wichtige Götter im Hinduismus sind: „Vishnu", der Gott der Güte und der die Welt erhält, „Shiva", der Gott der Gegensätze, der das Alte zerstört, damit Neues auf der Welt entstehen kann und „Shakti", die Göttin der Ur-Energie. Daneben gibt es noch viele andere Götter. Die meisten Hindus glauben aber nur an einen der drei Götter. Viele Hindus glauben auch an Avataras. Das sind Gottheiten, die wie ein Mensch oder ein Tier aussehen. Dazu gehört zum Beispiel „Ganesha". Er hat einen Elefantenkopf.

Die heilige Schrift

Die ältesten heiligen Schriften im Hinduismus sind die Veden (= Wissen). Sie entstanden vor ungefähr 3500 Jahren. Die Veden enthalten uralte Erzählungen über Götter und Lieder, die früher von Priestern gesungen wurden. Das Wissen der Veden durfte nur an ganz bestimmte Schüler weitergegeben werden. Erst im 5. Jahrhundert n. Chr. wurden die Veden aufgeschrieben. Heute zählen die Lehren der Upanishaden (= Sitze zu Füßen deines Lehrers) zu den wichtigsten heiligen Schriften. Sie sind ein Teil der Veden. Die Lehrer geben darin den Menschen ihr Wissen über den Kreislauf von Leben und Tod weiter. Die Bhagavadgita (= Gesang des Erhabenen) ist die bekannteste heilige Schrift der Hindus. Sie gilt als die Bibel der Hindus. Mahatma Gandhi nutzte sie täglich und hatte sie immer dabei. In schwierigen Situationen las er darin.

Gebote & Verbote - Lehre & Glaube

„Dharma" ist ein wichtiger Begriff im Hinduismus. Er bedeutet Sitte, Recht und Gesetz. Gemeint sind damit die Regeln des Zusammenlebens, aber auch die religiösen Aufgaben eines Hindus. Das Dharma gibt auch Regeln vor, wie man Essen zubereiten soll. Erfüllt ein Hindu das Dharma, hat er ein gutes Karma. Erfüllt er es nicht, hat er ein schlechtes Karma. Das Karma kann man sich wie ein Konto vorstellen, auf dem gute und schlechte Taten gesammelt werden. Das Karma bestimmt dann, wie ein Hindu wiedergeboren wird. Hindus glauben nämlich an die Wiedergeburt. Leben ist also ein ewiger Kreislauf der Wiederkehr (= Samsara). Das größte Ziel im Hinduismus ist es, den Kreislauf von Leben und Tod zu verlassen und zur Erlösung zu gelangen. Bei der Wiedergeburt wird ein Hindu immer in eine bestimmte Kaste hineingeboren. Die Kaste bestimmt darüber, welchen Beruf ein Hindu ausüben darf und wie angesehen er ist. Nach dem indischen Gesetz gibt es das Kastensystem heute nicht mehr. Trotzdem sehen viele Hindus diese Ordnung immer noch als richtig an.

Bräuche und Riten

Im Hinduismus gilt die Kuh als heilig. In der heiligen Schrift der Hindus ist die Kuh oft als göttliches Wesen zu sehen. Deshalb wird sie besonders geschützt. An Festen werden Kühe gründlich geputzt und geschmückt. Fast alle Hindus essen daher auch kein Rindfleisch. Allgemein sollten Hindus keine Tiere töten. Deshalb leben viele Hindus vegetarisch. Die Gebete der Hindus heißen „Pujas". Sie beten in einem Tempel oder im eigenen Haus. Deshalb gibt es in fast jedem hinduistischen Haus einen kleinen Altar mit einer Götterfigur. Hindus schmücken den Altar oft mit einem Gefäß mit Weihrauch, Kerzenleuchtern und Blumen. Jeder Hindu sollte mindestens einmal in seinem Leben zum heiligen Fluss Ganges reisen. Die Hindus glauben, dass das Wasser des Ganges die Menschen von ihren Sünden reinigt. Der heiligste Ort am Ganges ist die Stadt Varanasi.

Geschichte und Ursprung

Der Buddhismus kommt eigentlich aus Indien. Die meisten Buddhisten gibt es heute in asiatischen Ländern. So zum Beispiel in Sri Lanka, Laos, Thailand, Kambodscha, China, Nepal, Tibet, Korea, der Mongolei und Japan. Auch in westlichen Ländern interessieren sich immer mehr Menschen für den Buddhismus. Buddhisten folgen den Lehren Siddhartha Gautamas. Er wird auch „Buddha“ genannt. Er lebte vor ca. 2500 Jahren in Nordindien. Er sah sich nicht als Gott. Er überbrachte auch keine Lehre eines Gottes wie zum Beispiel Jesus im Christentum oder Mohammed im Islam. Sondern er erklärte den Menschen, dass man durch Meditation zur Erleuchtung kommen kann.

Eine Religion - unterschiedliche Glaubensrichtungen

Auch im Buddhismus gibt es unterschiedliche Glaubensrichtungen. Eine davon ist der „Theravada“-Buddhismus. Dort sind die ursprünglichen Schriften des Siddharta Gautamas sehr wichtig. Frauen werden in den einzelnen Richtungen nicht überall gleich anerkannt. Im Theravada-Buddhismus steht die Frau für das Leid und die Begierden. Und dies muss man überwinden. Manche Buddhisten glauben auch, dass nur Männer zur Erleuchtung gelangen können. Der Theravada-Buddhismus kommt vor allem in Myanmar, Sri Lanka, Thailand, Kambodscha und Laos vor. Die andere große Richtung, der „Mahayana“-Buddhismus, gibt es vor allem in Bhutan, Japan, Korea, Tibet, Taiwan, Vietnam und China. Zum Mahayana gehört zum Beispiel auch der Zen-Buddhismus und der Lamaismus. Im Lamaismus ist der „Lama“ eine wichtige Person. Man kann ihn sich als Lehrer vorstellen. Der berühmte „Dalai Lama“ ist der Führer der tibetischen Buddhisten.

Gotteshaus

Buddhisten beten vor allem zu Hause. Dort haben viele eine eigene kleine Statue von Buddha. Sie setzen sich barfuß davor auf den Boden und meditieren oder beten. Manchmal besuchen auch die Mönche aus den Klöstern die Menschen in ihren Häusern und beten mit ihnen. Diese Mönche dürfen auf Stühlen sitzen. Sie beten dann gemeinsam. Beliebte Opfer sind dabei Weihrauch, Lotusblüten und Kerzen. Eines der wichtigsten Gebete ist die „Dreifache Zufluchtnahme“: „Ich nehme meine Zuflucht zum Buddha! Ich nehme meine Zuflucht zur Lehre! Ich nehme meine Zuflucht zur Gemeinde!“ Als Buddhist kann man auch einen Tempel besuchen und dort gemeinsam beten und meditieren. Buddhistische Tempel sind meistens auch der Wohnort für Mönche und Nonnen. In diesen Klöstern leben sie streng nach der Lehre Buddhas.

Feste

Der Dhammacakka-Tag findet im Juli statt. Die Buddhisten feiern dann das erste Drehen des Dharma-Rades. Das Fest soll an die erste Rede Buddhas erinnern, nachdem er zur Erleuchtung gelangt war.

Viele buddhistische Länder feiern das Neujahrsfest. Besonders bekannt ist Losar, das tibetische Neujahrsfest. Es findet im Februar oder März statt. Tibetische Buddhisten führen dann Maskentänze auf.

Vesak ist das größte Fest bei den Buddhisten. Gefeiert wird die Geburt Buddhas, seine Erleuchtung und dass er ins Nirwana eingegangen ist. Es findet im Mai statt. An diesem Tag wird besonders viel gebetet und Tiere stehen unter einem besonderen Schutz.

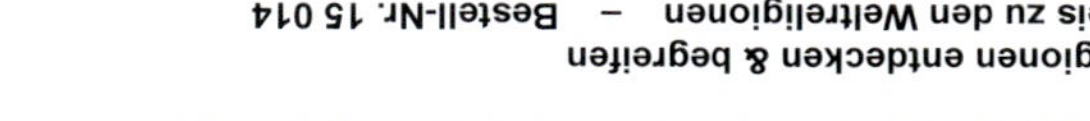

Gottheit

Im Buddhismus gibt es keinen Gott. Trotzdem folgen Buddhisten den Lehren des Siddhartha Gautamas. Siddharte Gautama wuchs in einer königlichen Familie auf. Er lebte dort ohne Sorgen und ohne jedes Elend. Eines Tages begegnete er einem Bettelmönch. Der Bettelmönch war arm. Trotzdem war er freundlich zu allen. Er dachte an das Glück und das Heil der anderen. Siddharta Gautama war von dem Bettelmönch berührt. So wurde er selbst Bettelmönch und lebte nach strengen Regeln. Unter einem Feigenbaum hatte er eine Erleuchtung. Dann lehrte er dieses Wissen den Menschen. Er ist keine Gottheit, sondern ein „Erleuchteter“. Buddha ist wie ein großes Vorbild für die Buddhisten. Deshalb hat er den besonderen Namen „Buddha“. Im Buddhismus ist es kein Gott, der den Menschen zur Erlösung bringt. Jeder Mensch kann sich selbst erlösen, wenn er der Lehre Buddhas folgt.

Die heilige Schrift

Das heilige Buch der Buddhisten nennt man Tripitaka. Das bedeutet „Dreikorb“. Die Schriften Buddhas wurden auf Palmblättern geschrieben in drei Körben gesammelt. Deshalb heißt es „Dreikorb“. Der erste Korb nennt sich Vinaya-Pitaka. Er enthält die Regeln für Mönche und Nonnen, wie sie leben sollten und sich verhalten müssen. Der zweite Korb heißt Sutra-Pitaka. In ihm befinden sich Erzählungen über das Leben Buddhas und Predigten von Siddhartha Gautama. Der zweite Korb besteht aus fünf verschiedenen Sammlungen. Der dritte und letzte Korb wird Abhidharma genannt. Er enthält die Schriften über die Lehre. Diese 7 Bücher sind besonders für den Theravada-Buddhismus wichtig. In diesem letzten Teil geht es vor allem um Themen, die zum Nachdenken sind.

Gebote & Verbote - Lehre & Glaube

Dharma hat viele Bedeutungen. Der Begriff bedeutet übersetzt „Lehre". Im Buddhismus ist damit vor allem die Lehre Buddhas gemeint. Ganz wichtig sind die Vier Edlen Wahrheiten:

Dukkha: Glück ist vergänglich und das Leben ist Leiden.

Samudaya: Unser Leid kommt von der Gier und dem Hass. Das Leid entsteht also, weil die Menschen immer mehr haben wollen und nicht zufrieden sind mit dem, was sie besitzen.

Nirodha: Das Leiden hört auf, wenn die Menschen Gier und Hass überwinden.

Magga: Der Weg zum Glück ist der Achtfache Pfad.

Auch der Achtfache Pfad ist ein Teil des Dharmas. Er ist wie ein Weg, der den Menschen dabei helfen soll, sich von der Gier nach nutzlosen Dingen zu befreien. Nur wer keine Wünsche mehr hat, kann das Glück finden und wird erleuchtet. Erst dann kann man ein Mitgefühl für andere Menschen, Tiere und Pflanzen haben. Auch im Buddhismus glaubt man an die Wiedergeburt. Der Kreislauf von Leben und Tod heißt wie bei den Hindus „Samsara". Buddhisten stellen sich diesen ewigen Kreislauf schrecklich vor. Sie glauben aber, dass man aus diesem Kreislauf ausbrechen kann. Dann erreicht man das „Nirwana". Man kann das Nirwana nur durch Meditation und Erkenntnis erreichen. Man hat es dann geschafft, alle Wünsche zu überwinden. Man kann sich das Nirwana wie eine innere Ruhe vorstellen.

Bräuche und Riten

Wenn Buddhisten ihren Kindern Namen geben, fragen sie einen Mönch um Rat. Er soll bei dieser wichtigen Entscheidung helfen. Wichtig ist dabei, dass der Name schön klingt. Er soll auch eine positive (gute) Bedeutung haben. Buddhistische Hochzeiten finden zu Hause statt. Meistens sind neun Mönche dabei. Diese Zahl ist im Buddhismus eine Glückszahl. Die Eheschließung findet früh am Morgen statt. Danach wird das Brautpaar von jedem Gast mit Wasser gesegnet. Es soll Glück bringen, wenn das Brautpaar ein Seil vor der Haustüre durchschneidet. Jeder buddhistische Junge geht mindestens 3 Monate in ein Kloster. Am Vortag des Eintritts in das Kloster werden dem Jungen die Haare geschoren. In einer feierlichen Zeremonie liest er ausgewählte religiöse Texte vor. Nach dieser Feier gehört der Junge zum Kloster und zieht das gelbe Gewand an. Er kann sich jetzt entscheiden, ob er im Kloster bleibt oder wieder nach Hause zu seinen Eltern gehen will. Dann muss er das gelbe Gewand wieder abgeben.

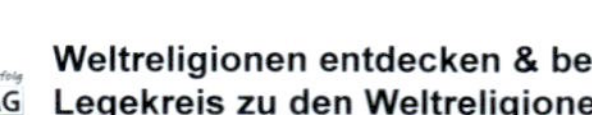

Weltreligionen entdecken & begreifen
Legekreis zu den Weltreligionen – Bestell-Nr. 15 014

Der Davidstern

Der Davidstern hat sechs Zacken und ist nach König David benannt. Heute ist er eines der wichtigsten Symbole des Judentums. Eigentlich ist der Stern kein jüdisches Symbol. Erst im 16. Jahrhundert benutzte die jüdische Gemeinde in Prag diesen Stern für ihr Wappen. Heute befindet sich auch auf der israelischen Flagge ein Davidstern. Es gibt auch noch andere Symbole für das Judentum. Zum Beispiel die Menora. Das ist ein Kerzenleuchter mit sieben Armen. Die Form des Kerzenständers sieht aus wie die Form eines Mandelbaums. Auch im Tempel in Jerusalem gab es früher einen solchen Kerzenleuchter. Er gilt als Zeichen der Erleuchtung und als Symbol für Gott. An bestimmten Festen stellen Juden die Menora an ihr Fenster. Damit wollen sie andere an das Fest erinnern. Sie wollen auch zeigen, dass sie zu ihrem Glauben stehen.

Das Kreuz

Das Kreuz ist das wichtigste Symbol des Christentums. Es erinnert die Christen daran, dass Jesus für sie am Kreuz gestorben ist. Deshalb gibt es in jeder christlichen Kirche mehrere Kreuze. So gibt es oft ein großes Kreuz über dem Altar. Das können alle Gläubigen gut sehen. Aber auch der Grundriss einer Kirche hat oft die Form eines Kreuzes. Ein anderes Symbol für das Christentum ist der Fisch „Ichthys". ICHTHYS (griechisch: „ἰχθύς) kommt aus dem Griechischen und bedeutet „Fisch". Das Symbol des Fisches steht für zwei Dinge: Es erinnert an das Fischen im See von Galiläa (Mk. 1,17). Man kann aus dem Wort auch so etwas wie ein Glaubensbekenntnis ablesen. Jeder Buchstabe des griechischen Wortes bildet den Anfangsbuchstaben eines neuen Wortes:

ΙΗΣΟΥΣ – Iēsous – „Jesus"
ΧΡΙΣΤΟΣ – Christós – „Christus" („der Gesalbte")
ΘΕΟΥ – Theoú – „Gottes"
ΥΙΟΣ – Hyiós – „Sohn"
ΣΩΤΗΡ – Sōtér – „Retter", „Erlöser"

KOHL VERLAG Weltreligionen entdecken & begreifen Legekreis zu den Weltreligionen – Bestell-Nr. 15 014

Mondsichel

Zuerst gab es kein festes Symbol für den Islam. Zu Zeiten des Propheten Mohammeds trugen Muslime oft weiße, grüne oder schwarze Flaggen bei sich. Mohammed erhielt von Allah die Nachricht, „die Stunde [naherücken wird], und [...] der Mond [gespalten sein wird]." (Qur'an [54:2]). So steht dieser Satz auch im Koran. Deshalb ist die Mondsichel das Symbol des Islam. Um genau zu sein, ist es das Symbol des Neumondes. Auch der islamische Mondkalender ist ein Symbol für den Islam. Zum Beispiel fängt der Fastenmonat Ramadan erst an, wenn die Sichel des Neumondes entdeckt wurde. Den Stern mit den fünf Zacken neben dem Mond gibt es im Islam zwar auch, als Symbol für den Islam ist der Stern aber nicht wichtig. Ein weiteres wichtiges Symbol im Islam ist das Wort „Allah", wenn es in arabischer Schrift dargestellt ist. Muslime dürfen sich wie auch Christen kein Bildnis von Gott machen. Deshalb malen viele Muslime den Namen des Herrn auf eine kleine Leinwand und hängen es an einen besonderen Platz im Haus.

Das „OM"-Zeichen

Die Silbe „OM" (sprich: a-u-m) ist heilig. Sie bedeutet so viel wie „Alles". Alle drei Laute stehen für einen Abschnitt im Leben eines Menschen: Geburt, Leben und Tod. Hindus sprechen die heilige Silbe beim Beten oder bei der Meditation. Dabei wird sie immer wieder gesprochen, geflüstert, gesungen oder gesummt. Sie wird immer wieder wiederholt. Das soll dabei helfen, sich konzentrieren zu können. Die Hindus glauben sogar, dass dabei geistige Kräfte freigesetzt werden können. In den indischen Schriften wird die Silbe „OM" durch ein bestimmtes Zeichen dargestellt. Dieses OM-Zeichen wird oft als Symbol des Hinduismus gebraucht. Auch der rote Punkt zwischen den Augenbrauen gilt als Symbol für den Hinduismus. Man nennt es „Bindi". Es kann auch ein Schmuckstein sein. Eigentlich ist das Bindi das Zeichen für eine verheiratete Frau. Heute tragen aber auch unverheiratete Frauen und Kinder Bindis. Sie verwenden es als Schmuckstück oder Glücksbringer. Die Stelle zwischen den Augenbrauen hat eine wichtige Bedeutung. Die Hindus glauben, dass an dieser Stelle ein unsichtbares drittes Auge sitzt. Dies ist für viele Gläubige der direkte Weg zum Herzen eines Menschen. Sogar hinduistische Männer tragen manchmal ein Bindi.

KOHL VERLAG
Weltreligionen entdecken & begreifen – Bestell-Nr. 15 014
Legekreis zu den Weltreligionen

Das Rad der Lehre - Samsara

Ein bekanntes Symbol für den Buddhismus ist das Rad. Es steht für die Lehren Buddhas. Ganz wichtig dabei ist der Kreislauf von Leben, Tod und Wiedergeburt. Diesen Kreislauf nennt man auch „Samsara“. Man kann den Kreislauf auch durchbrechen. Dazu muss man zur Erleuchtung und zur Erkenntnis gelangen. Die einzelnen Speichen im Rad stehen für wichtige Regeln auf dem Weg zur Erkenntnis. Oft wird das Rad der Lehre mit acht Speichen dargestellt. Diese acht Speichen stehen für den Achtfachen Pfad zur Erleuchtung. Durch diesen achtfachen Pfad soll man zur Erleuchtung gelangen, wenn man die Schritte in der richtigen Reihenfolge durchführt:

Bei der ersten Speiche geht es darum, die wichtige Lehre Buddhas richtig zu verstehen. Die zweite Speiche des Rades steht dafür, dass man sich an diese Lehren halten soll. Die dritte Speiche lehnt Lügen und Lästereien ab. Man soll nur Gutes reden. Bei der vierten Speiche geht es darum, dass man nichts nehmen soll, was einem nicht gehört. Die fünfte Speiche sagt, dass man keinem anderen Lebewesen Leid zufügen darf. Die sechste Speiche steht dafür, dass man sich bemühen soll, Wünsche loszulassen und nicht gierig nach Dingen zu sein. Bei der siebten Speiche geht es um das Wachsein und die Konzentration im Alltag und bei der Meditation. Die achte Speiche sagt, dass man durch Meditation das Denken und Fühlen zur Ruhe bringt.

KOHL VERLAG Lernen mit Erfolg
Weltreligionen entdecken & begreifen
Legekreis zu den Weltreligionen – Bestell-Nr. 15 014